窪塚洋介／放浪

全ての旅には
旅人の知らない
目的がいくつかある。

KUBOZUKA YOSUKE

「子供の頃から一番行きたい場所へは行きましたか？」

「イエス」

２０１０年４月、
二週間という時間を使って、
北部アフリカ大陸「エジプト」へ行った
カイロから車でナイル川沿いを上り、
ルクソール、アスワン、
東方砂漠を抜け紅海沿いを下り、
スエズ経由でカイロに戻るという、
延べ２０００kmに及ぶ旅路は、
子供の頃からの思いを裏切らない刺激と癒し、
不思議に満ちたものだった。

18
CASTELLO
CASTELLO

なぜかわからんが行きたい。
そういう場所が無数にあるが、
エジプトはダントツで一位だ。
年期が違う。

「好きな所に行こうよ」

初めの打ち合わせでそう言われて、
即答した。

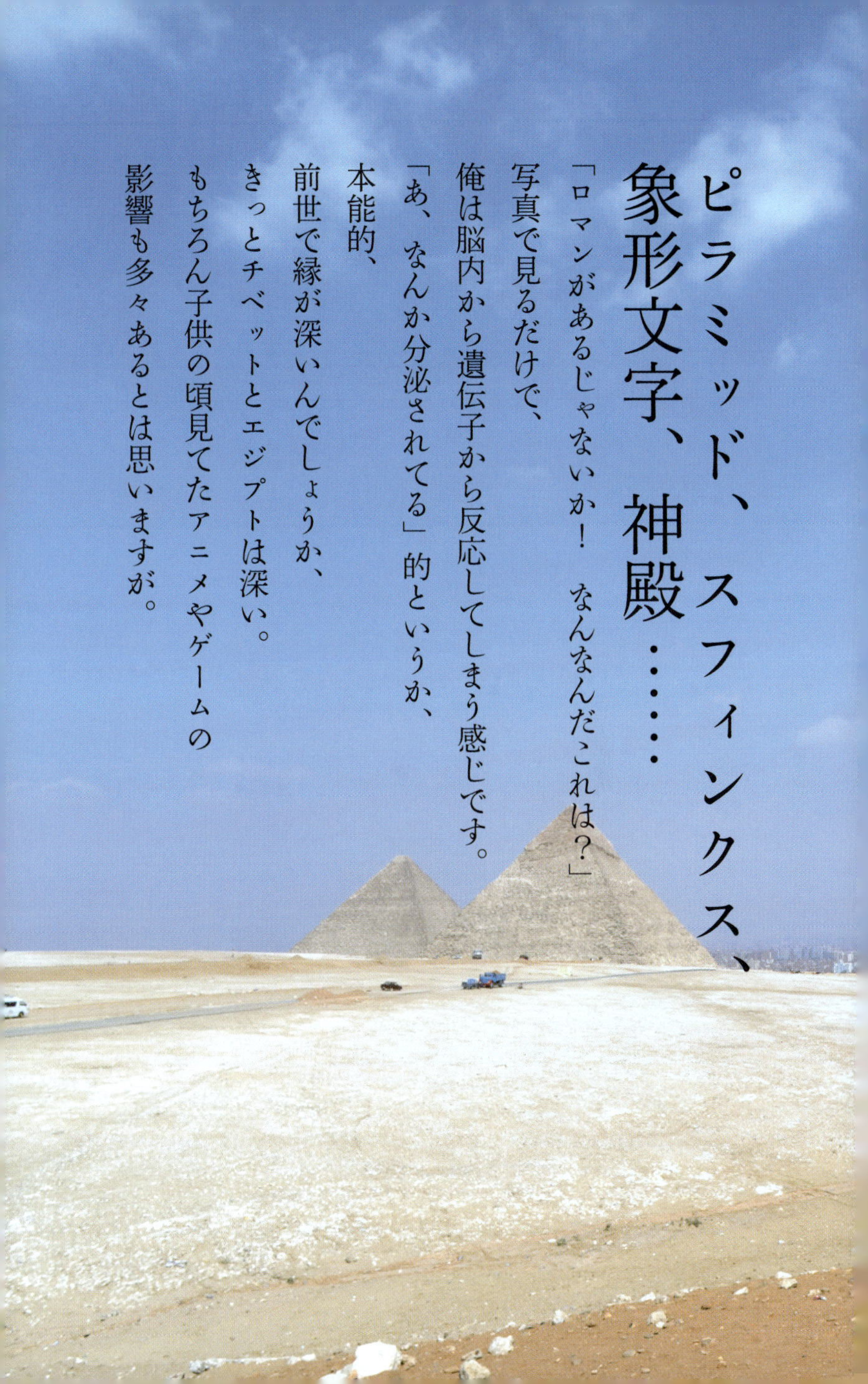

ピラミッド、スフィンクス、
象形文字、神殿……

「ロマンがあるじゃないか！　なんなんだこれは？」
写真で見るだけで、
俺は脳内から遺伝子から反応してしまう感じです。
「あ、なんか分泌されてる」的というか、
本能的、
前世で縁が深いんでしょうか、
きっとチベットとエジプトは深い。
もちろん子供の頃見てたアニメやゲームの
影響も多々あるとは思いますが。

CHAPTER 1

イマジン

written by Shin Ikeda

たとえば紀元前3000年、つまり2011年の現在から5000年ほど前の世の中を考えてみよう。100年も生きられないわれわれニンゲンにとってそれはたやすい作業ではないが、ジョン・レノンが「イマジン」で唄った平和な世界のように、それを想像することくらいはできるかもしれない。

5000年前の日本列島は、1万6000年以上前から続いた縄文時代が終わりを告げようとしていた。

狩猟採取で食料を得、洞穴や岩陰を住居としてキャンプのように暮らしていた旧石器時代から、土をこねて器を作り、竪穴式住居に定住して食物栽培を行うようになった縄文時代。布が作られたのもこの頃で、縄文末期の5000年前には原始的な編み機で大麻糸を織って布が作られ、人々は毛皮や布を着物として身につけていた。

地面を丸く掘り下げ柱を立て、かやぶき屋根をかけた家＝竪穴式住居で火を炊き、素焼きの土器で食物を煮炊きする。大小さまざまな集落が各地に生まれた。

そこにはまだ、国はない。王もいない。華やかな装飾紋様が施された縄文土器や土偶を見れば、彼らが美意識や宗教観を持ち合わせていたことは分かるが、教祖も信者もいない。経典もない。いさかいや小競り合いは無論あっても、誰もが等しく富や貯えを持たない暮らしゆえ、大規模な争いはなかった。

その後、大陸から九州北部に移住した集団によって本格的な水稲栽培が伝わるとともに、弥生時代が到来する。

稲作とともに集落は大規模になり、卑弥呼の邪馬台国を始め、いくつもの巨大集落共同体＝国が出現。王がそれを統治し、支配者と一般民衆、奴隷というヒエラルキー＝身分階層制が発生した。同時に大規模な争い＝戦が頻繁に行われたことが、遺跡から出土する戦傷人骨からも明らかになっている。

つまり我々の暮らすこの島の５０００年前＝縄文時代は、支配する者と支配される者というシステムが生まれる前という意味において、ユートピアだったといえる。

世界に目を転じてみれば、チグリス川とユーフラテス川にはさまれた肥沃な土地に、世界最初の文明といわれるメソポタミア文明が花開いたのが、紀元前３５００年頃。そこにはシュメール人による巨大な都市国家が生まれていた。

一方アフリカ大陸においては、東北部に位置するナイル川沿いで早くから豊かな農耕社会が成立。毎年氾濫を繰り返すナイル沿岸は、上流から運ばれてきた肥沃な泥土の沖積層があり、灌漑も容易であったため、農耕にとっての好条件が整っていた。大規模な治水と灌漑は流域住民の共同作業を必要とし、ＢＣ３１００年頃にメネス王が統一国家を成立させた。メソポタミアに遅れること数百年、古代エジプトの始まりである。

いずれにせよ、我々日本人の遠いお先祖さまが、身分や差別や貧富の差もなく、竪穴式住居で牧歌的に暮らしていた５０００年前、エジプトでは強大な権力を持つ国王が治める中央集権国家が成立し、想像を絶する巨大建造物が次々と建設されていた……。

縁あって窪塚洋介と出会い、旅をしようということになった。

どこへ行きたい、とたずねると、二つ返事で答えがかえった。

「エジプト」

子どものころに本で見て、とりこになったというエジプト。ピラミッド、神殿、現在のテクノロジーをもってしても、どうやって作ったかすら定かでない遺跡の神秘性。目を輝かせて洋介は言った。

「マジでうれしい。子どものころから、夢だった。そうかぁ、ついに呼ばれたかァ」

「呼ばれた」というその感覚に、共感を覚える。

旅に行きたいと思う気持ち、それは自分自身を呼ぶ声だ。旅の行く先は、自分が決めるというより、呼ぶ声に従うだけ。格好つけるわけではないが、俺はそう思う。

小学校時代にピラミッドやツタンカーメンに惹かれ、それを心の片隅に大事に仕舞っておいたから、ようやくエジプトが洋介を呼んだのだ。

あなたの心にも、呼ぶ声が響いているだろう。あなたはそれを知っている。また今度、と断ってばかりいると、呼ぶ声は徐々に遠ざかる。

なぜエジプトは、人々をこれほど魅了するのだろう。古代文明への憧れ。はるか昔に生きてきた人達への畏敬の思い。彼らはどう生き、どのように暮らしていたのかという疑問。

ひょっとしたらそこには、現代人が失ってしまった何かとてつもない事実が隠されているんじゃないかという期待。考古学的ロマン。子どもに戻ったようなワクワクを荷物とともにバックパックに詰め込んで、洋介は旅に出た。

成田からドバイ経由で15時間。エコノミーの狭いシートで耐え抜いて、やってきたカイロは夜だった。予約したホテルにタクシーで向かう。10時過ぎというのに車は大渋滞。道路に面した店はこうこうと明かりをともし、日曜日の原宿竹下通りのごとくたくさんの人が歩いていた。

女性はビシャブと呼ばれる布で頭部を覆う人が多い。カラフルなものも多く、宗教的であると同時にお洒落でもあるのだろう。

アラブ人。

黒い目と髪、体格も日本人とさほど変わらない民族でありながら、彼らの暮らしは白人世界よりも異国情緒にあふれている。少なくとも俺はそう感じる。サード・ワールド＝第三世界。経済先進国の似たような西洋的価値観の枠組みから足を踏み出したワクワクが、ココロに満ちてくる。

人と車でごった返したカイロの街。こんな夜なのに、いったいみんな何してるんだ？　窓から外を見つめる洋介の瞳に、街の光を映ってきらきらと輝いている。さあこれから、どんな旅が待っているだろう。

日本から予約を入れたコスモポリタン・ホテルは街の中心部にあり、ごった返す人を掻き分けるようにタクシーが横付けした。

ビクトリア様式で建てられた築80年の重厚な外観が、カイロの夜に素朴な照明で浮かび上がった様はなんともエキゾチックで、俺はひと目で気に入った。入り口付近の歩道にはテーブルと椅子がたくさん並び、人々がお茶を飲んだりシシャ（巨大な水パイプ）をふかしたり、思い思いにくつろいでいる。

回転扉を抜け、クロークでチェックイン。1泊5000円ほどの三ツ星ホテル、案内された部屋は広くはないが居心地は悪くなさそう。軽く何か食べようと表のオープンカフェへ。席に着くと若いウエイターがメニューを持ってやってきた。

浅黒い肌、濃い眉毛。人懐っこい笑顔を浮かべて、まるで昔からの知り合いみたいに挨拶を交わす。「ビア?」と洋介がたずねると、彼は当然のように首を横に振った。

「ノービア。ノー・アルカホール」

そうか、ここはイスラムの国。地元の人が使うカフェにはアルコールが置いていない。コーラとハンバーガーのような食い物をオーダーした洋介が、離れた席を指差して言う。

「シシャ」

示した先ではおじさんがでっかいパイプを地面に置いてふかしていた。

高さ50センチを超える巨大なパイプ。水の入ったガラス製ボディの上に金属製の受け皿を取り付け、てっぺんにある陶器の火皿に焼けた炭を置き、ガラスボディから伸びるパイプの先を吸い込むと、ゴボゴボゴボッという水音とともに煙がやってくる仕組み。シシャは中東アラブ地域特有の伝統的喫煙法である。

お前はシシャを吸ったことがあるのか。好きか。ウエイターはうれしそうだ。ファーストタイムと洋介が答えると、フレーバーは何にするとたずねてきた。どんな種類があるんだ？　ストロベリー、ピーチ、マスカット、オレンジ、グレープ、バナナ……。へぇ、シシャってフルーツ味なんだ。一番人気のあるヤツを頼むと、飲み物に次いで大きなパイプが運ばれてきた。フレーバーはアップル。

フレーバーを練り合わせた湿った煙草を火皿に入れて、アルミ箔をかぶせた上に炭を置く。いちど火をつけると炭を取替えながら1時間近くも楽しめるらしい。あちこちの席でおっさんも若者も爺さんもボコボコやっている。洋介もすぐに要領を得て、濃い煙を鼻から噴き出し始めた。甘い匂いの煙が漂い、カイロの濃密な夜に解けていく……しかし、どうひいき目に見ても怪しい光景だぜ、洋介。

一時間煙草を吸う。

たとえば食事のあとに。たとえば友人とおしゃべりしながら。たとえば道端のカフェでひとりで。腰を下ろし、じっくりと時間をかけて煙草を愉しむ。一本のシシャを交互に吸いながら、エジプト人に長年なじんだこの嗜好は、日本人とは根本的に異なる時間の流れを示していることに気がついた。一時間かけて煙草を吸う余裕がある人は、日本にいったいどれくらいいるだろう。

日本の古い喫煙方法であるキセルは、一服を一息で吸いきってしまうシロモノである。一服＝一息。シガレット＝西洋式の紙巻煙草にしても、ものの1分。我々の休憩がちょっと休むことであるのに対し、彼らの一服はどっかりと腰を落ち着けてのんびり休むのだ。葉巻やパイプも時間がかかる煙草だが、パイプも吸い口も大きなシシャは、吸いながら他の何かをすることができない。くわえ煙草、ましてや歩き煙草なんて絶対に無理。エジプトの人は、のんびり時間をすごすのが好きなんだろう。いや、日本人が急ぎすぎるのか。

ハロー、と子どもが声をかけてきた。小学1年生くらいの女の子が、小さな弟の手を引いている。彼女は袋からポケットティッシュを取り出し、「ワンダラー」と微笑んだ。

こざっぱりした身なり、物乞いの風体ではない。あと30分で午前0時。おいおい何時だと思ってるんだ。「ノー」と断ると、敵も然る者、「ノー」とさらにティッシュを差し出してくる。「ワンダラー、ファイブ」、つまり五個で1ドル。でもいらない。しばし沈黙、何で買わないんだという様子で彼女はしぶしぶティッシュを仕舞ったが、その場を去ろうとしない。「これ食うか」と洋介がエジプトハンバーガーを差し出すと、うれしそうに受け取ってふたつに分け、半分を弟に手渡す。椅子を勧めるとそこに座って食べ始めた。

ウエイターたちにしてみても、彼女たちの飲み食いした分はツーリストが払うのだから、邪険にするどころか「この子達に飲み物をやるか」「もうひとつ食べ物を持ってこよう」と営業に余念がない。

英語は「ワンダラー、ファイブ」だけだから詳しい事情は分からないが、これがこの小さな姉弟の日常なのだろう。昼間は学校に行っているはずだ。彼女たちは物乞いではなく、路上で商いをしているのだ。これぞアラブの商人か。日本だったら「幼児虐待！」と大問題だ。

エジプトに来たんだなぁ。

世界は広い。常識や価値観は実に多種多様で、それゆえ旅は面白い。

●

翌朝、ガイドがお出迎え。日本語で解説を聞きながら遺跡を見ようと1日観光を依頼した。ハイエースとドライバー付。ファティマと名乗った女性ガイドは、流暢な日本語で言った。

「今日は3つの場所を回ります。ひとつめはサッカーラ。ここには古代エジプトで初めて作られたジョセル王のピラミッドがあります。階段ピラミッドです。次はメンフィス。古代エジプトを王朝が統一したときの最初の首都です。ここで昼食もしていただきます。そしてギザ。世界で最も有名な遺跡である三大ピラミッドですね。途中でパピルス博物館に寄ります。ここではお土産として本物の美しいパピルスを買うことが出来ます。エジプトではたくさんパピルスが売っていますが、偽物多い。気をつけてください。これでよろしいですか」

実に事務的、異議なし。ハイエースは走り出し、30分ほどで第一の目的地サッカーラに到着。駐車場から歩くこと数分、地面の砂と同じ色の岩で作られた建物が現れた。入り口には門番らしき男が一人、他には人の気配がない。

細い通路を抜けると太い円柱が立ち並び、その先には荒涼たる砂漠に小ぶりなピラミッドが立っていた。

ファティマ女史の解説によれば、ジョセル王は古王国時代第3王朝の2代目ファラオ。もともとの高さは60メートル、底辺の長さ東西123メートル、南北107メートル。平面が正方形ではなく、長方形であるものはきわめて稀とのこと。第3王朝期以来、第5王朝期まで数度にわたって拡張され、現在の姿になっているという。

それは世間一般のピラミッドのイメージである四角錐ではなく、「階段ピラミッド」の名が示すとおり6段のステップ状にブロックが積み上げられている。表面はぼろぼろに崩れ、補修工事のための木製の足場が壁面に組まれていた。とはいえ作業は行なわれておらず、わずか数人の見物客を尻目に野良犬が地面に寝そべるその風景はうら寂しい工事現場のようでもある。しかしこれがエジプト最古のピラミッドなのだ。

メンフィスへ移動。

ここはエジプト古王国期の統一王朝最初の都であり、中王国の時代にテーベに移るまで、古代エジプトの歴史の中で最も長い間、首都として栄えたのだという。しかし現在は荷車を引くロバが行きかう田舎町といった風情。プタハ神殿跡に簡単な建物が作られており、中に入ると思わず息を呑む。巨大な石像が横たわっていたのだ。

ラムセス2世像。全長15メートル、重さ80トン。右足が折れている以外はほぼ完全な状態。

アラバスターと呼ばれる白い一枚岩から彫り出されたそれは実にリアルで、いにしえの大王の表情までが伝わってくる。かつてこの15メートルのラムセスは、数千年に渡ってそびえ立っていた。その姿を想像し、ちょっと感激した。

外にはトトメス王のスフィンクスを始めさまざまな石像が展示され、胡散臭いみやげ物を売る屋台が軒を連ねていた。ちょっとのぞいてみるとおじさんは「これはレプリカだ。本物を見せよう」と、うやうやしく屋台の裏の扉を開ける。そこにはいかにも古そうな骨董品が並んでいた。とはいえ本物の出土品がこんなところで売られているはずもない。これがアラブの商人のやり口なのだろう。

昼食を済ませてパピルス博物館へ。とはいえ博物館とは名ばかり、要はパピルスお土産ショップなのだった。人類最古の紙の作り方の実演を観賞し、洋介は数枚お買い上げ。そしていよいよギザへと向かう。

ハイエースで走ることしばし、「あっ」と洋介が声を上げた。視線の先を見る。

「ピラミッドだ、ほらあれ」

左の窓の外、くたびれた集合住宅や雑居ビルがよりかかるように立ち立ち並ぶ建物の屋根越しに、天に向かって頂を突きつけた巨大な土色の四角錐がかすんで見えた。

なんてデカいんだ。ピラミッドというより、ピラミッドのような形をした山みたい。これまでに写真や映像で見たピラミッドは砂漠にポツリと立つものばかりだったから、街の雑踏の向こうにそびえるそれは妙に新鮮。ついに来たぜィ。洋介のテンションがイッキに上がる。

およそ5000年前、南北1000キロに及ぶ国家を中央集権体制で完成させた古代エジプト王朝には、莫大な権力と富が集中した。王＝ファラオは神の化身であり、神々と意思を交わせる唯一の存在。そしてファラオたちはその象徴として「ピラミッド」を建立した。

第3王朝の創始者ゼセル王は、BC2700年頃に人類史上最初のピラミッドを建造。階段ピラミッドと呼ばれるその大きさは日本の国会議事堂に匹敵し、世界最古の石造建造物とされている。この工事を采配した宰相イムホテプが名声を得て、後に神としてまつられたことからも、ピラミッドが当時の人々にとっていかに神々しいものだったかが理解できる。

その後、稜線が中ほどで角度を変えてなだらかになる屈折ピラミッドを経て、紀元前2589年〜2566年に在位した第4王朝のクフ王は、正四角錐の巨大なピラミッドを完成させた。息子のカフラー王、孫であるメンカウラー王もそれに従い、ギザには親子3代に渡ってピラミッドを建立。エジプトに100基ほどあるピラミッドの王。これこそが世界中で最も有名な遺跡、ギザの3大ピラミッドである。エジプトに100基ほどあるピラミッドの王。そして今、目の前にそびえ立っている。

それは長年にわたり、写真や映像で目に焼きついた姿そのものであった。まるで絵葉書の中の光景のようであり、同時に潜在意識に刷り込まれたピラミッドをはるかに越えていた。建造物というより、小高い山を思わせる圧倒的な存在感。その奥に同じような大きさのカフラー王のピラミッドが、稜線を連ねる山脈のように顔を出している。念願かなってついにやってきた洋介は言葉を失い、ただ呆然とそれを眺めている。人は何か圧倒的な光景を目にしたとき、思考が止まる。でっけえな……ようやく洋介はヒトコトつぶやいた。

高さ１４６ｍ、一辺の長さは２３０ｍ、頂点までの勾配51度50分。平均２トン半の石材を２３０万個積み、20年かけて作られたという大ピラミッドは、多くの謎に包まれている。

どうやって作られたのか。どのように石を切り出し、どのようにそれを運んだか。

精密極まりない寸法、しかもきわめて正確に東西南北の方向を向いているのはなぜか。

５０００年ほどの時が経過し、ガソリンや電気やコンピュータ、さまざまな機械やテクノロジー、進化した科学や工学を手に入れた今だというのに、謎は謎を呼び、さまざまな議論争論が巻き起こっては消えていく。

残虐な支配者ファラオが奴隷をムチ打って使役し、自身の墓である巨大ピラミッドを建造させたというかつての定説は、現在では考古学の知見によって覆されている。１９９０年にピラミッドのすぐそばで発見された労働者たちの墓から、多数の遺体が発掘され、その中には脳外科手術や切断手術、骨折の治療などの高度医療がほどこされたものが多く含まれており、遺体の男女比は半々、子供の骨も出てきたからだ。

当時の石切場跡に残る、労働者たちが王を讃える言葉や生活の喜びを石に彫り付けた「落書き」。彼らの住居跡から発見されたさまざまな資料。出稼ぎの地方男性が地元の娘を嫁にもらったり、大きな怪我をして治療したり、食料や飲み物が振舞われたり、「二日酔いで欠勤」「新婚旅行で休暇」などという届出などの生活にかかわる記録から、人々は自分の意思で、休みを取れる環境で働いていたというのが現在の主論となっている。

　こうした出土品の分析から、毎年ナイル川が氾濫する7〜10月は農業ができないため、その期間に農民たちが働いたという説が現代では一般的。賃金こそ支払われないものの食事や住居が提供された、いわば「公共事業」というわけだ。

　膨大な数の人夫たちがエジプト中からやってきたギザは、どれほどにぎわったことか。人類が見たこともない、巨大建造物を作るという興奮。きっとそれは東京スカイツリーの比ではない。もちろん見物人も訪れたろう。露天が並び、大きな祭のような熱気があふれていたはずだ。世界中から集まった観光客と、ガラベーヤというシンプルな民族衣装を着たエジプト人たちの姿に、5000年前の風景を重ねてみる。たぶんもっとにぎやかだったに違いない。

　ピラミッドは完成当初、四面とも花崗岩の化粧石で覆われていた。後に侵攻したアラブ人によって外装石がはぎとられ、モスクなどの建設に使われたため、現在は階段状の岩がむき出しとなっている。白く輝いていたという当時の荘厳さはどれほどだったろう。

　古代エジプトでは、ナイルの氾濫を予測するために天文観測を行い、太陽とシリウス星が同時に昇る頃にナイルは氾濫することを発見し、太陽暦を作った。同時に氾濫後の農地を元通り区分するため、測量と幾何学が発達した。これがピラミッド建設の基礎となっている。それにしても、そびえ立つピラミッドを実際目の当たりにすると、これほど巨大なものを正確に作る知識と技術は並大抵ではないと実感する。岩を切り出し、成形し、運び、積み上げていく気の遠くなるような作業工程。いったいなんのために作られたのかという疑問が湧くのは当然だ。

　ピラミッドを王の墓とする説は、内部からミイラが発見された例がほとんどないことから異論も多い。

王墓説以外には、前述した仕事の出来ない時期に農民を支える公共事業説。ピラミッドは太陽神ラーの神殿であり、ファラオが昇天するための太陽の光線をかたどった祭祀施設であるという説。暦を正確に伝えるための日時計説。

　ピラミッドとナイルの位置関係がオリオン星座と天の川の位置関係に一致するという説。クフ王とカウラー王のピラミッドの大きさは、地球と金星の体積比率（1：0・854）に極めて近いという説。もっと古い時代、アトランティス崩壊後にエジプトへたどり着いた末裔が建設したという説。当時の人間の能力を超えているため、地球外生物が関わっていたとする説……。考古学や天文学から、アトランティスやUFO論までが真剣に語られ、5000年後の人類はその謎解きに興味津々だ。世界最大の謎といっても過言ではない。神秘とロマンに満ち溢れた謎をその目で見るために、ピラミッドはこの日も世界中からたくさんの観光客が押し寄せていた。無論俺たちもそのひとりだ。いずれの説を信じるにせよ、実物を目にして強く感じるのは「圧倒的なものを作る」という王の意思。

　巨大さと、正確無比な美しさ。天を突くような高層ビルをすっかり見慣れた現代人にとっても、圧倒的な存在感。ならば5000年前の民衆の目には、白く輝くピラミッドはどう映ったのだろう。どれほどの驚きを与えただろう。大地を想像したのが神と信じるならば、これを作りあげた王は神と同じと感じたかもしれない。畏敬の念が自然と湧くだろう。それも王の目的のひとつだったはず。

そして同時に、ピラミッドはエジプトに暮らす民の誇りでもあったに違いない。20年がかりでこれが完成したとき、人々はどれほど熱狂し、王を称えたことか。自分たちが世界で最も優れた民で、最も神に近づいていることを確信したことだろう。その歓びはきっと東京スカイツリーの比ではない。

もし王が神の化身であるなら、王は5000年後もピラミッドは残り、しかしその真実は謎となって議論され、世界中の観光客があっけに取られて眺めるこの様までお見通しだったのだろうか。

目の前の光景が、一瞬5000年前にタイムスリップした気がした。

「国王様は、えらいものを作ろうと考えたもんだ」

「まったくさ。今日も作業は大変だったな」

「ま、おかげで俺たちゃ仕事と食い物にありつけるってワケだ」

「その通り。早く帰って一杯やろうぜ」

……ひょっとしたら5000年前の人々も、PCのキーの代わりに石を彫り、TVの代わりに星空を眺めながら、俺たち未来人とさほど変わらぬ暮らしを送っていたのかもしれない。ピラミッド、恐るべし。すごいぜ人類。洋介の憬れたエジプトの旅が、5000年という途方もない時をめぐる旅であることに、ようやく俺も気づきはじめていた。

BNE

カイロに到着した冷える夜、
JOJOで見たような
HOTELにチェックイン。
ソッコー外のカフェで意外に
陽気なアラブ人に混じって
水タバコをふかしてみた。
薄暗い路地裏、
フルーティなタバコと
泥コーヒーの洗礼を受け、
ご機嫌で旅は始まった。

المجموعة العربية للصرافة
Exchange Co.

翌日、昼は普通に暑い。
さらりとナイル川を跨ぎピラミッド群の見物へ。
「いきなりメインディッシュか…」とは言えなかった、
が、やはりピラミッド。
いや、ピラミッド「さん」。
俺にしたらそれくらいの感じだ。
今回の旅の一番の目玉と言っても過言ではない。
だから心の準備も整わぬ前に、
街の遠くのビルの隙間に△が見えた時には、
思わず目をそらしてしまった。
アホか。

カイロは街の端に緑があって、
その向こうが砂漠という感じだった。
砂漠の端辺りにそのピラミッドはある、
ご存知のように３つある、
オリオン座の真ん中の三ッ星と同じ配置なのは周知の事実。
そして、今の科学力でも建造不可能なのも周知の事実。
クフ王の…「ピラミッドさん達」

EGYPT

実物は途方もなくデカイ。
高さは60数mとさほどでもないが、
使われている数トン級の大きな石が
何千万個だから、
その体積に圧倒される。
それと、足下のタバコの吸い殻と
物売りにも圧倒された。

「山本山」と土埃をまとったアラブ人に
いきなり声をかけられたら、
日本人は誰でも思わず
足を止めてしまうだろう。
エジプトはチップの国だから、
チップ狙いの「良い人」が多い。

ピラミッドは王の墓とされているけれど、
本当のトコロは分からない。
王が来世への旅を
無事に遂げられる為の
祭壇とも公共事業とも言われている。
その胎内に入ってビックリしたのは、
暑さと象形文字の上の落書き（彫り）だ。

そりゃないよ、頼むぜ。
地下に降りる通路が
塞がれてて残念だったけど、
大回廊に玄室に重力軽減の
間に見れて感動した。
噂通りケンタッキーを見つめる
スフィンクスに挨拶して〆。

نيو إخناتون للسجاد اليدوي
school

さぁ歴史よ幕を開けろ

眠れる獅子ども

Wake up & Get up

地球維新　全部賭けろ

未来の扉こじ開けろ

「国崩」

Lyric by 卍LINE

いるなら神様
どうかこんな日々がいつまでも
どうか神様
どうかこんな日々がいつまでも
俺はこうして祈りを込めて
ここでこうして歌っているよ

「PLAY FOR…」

Lyric by 卍LINE

GIZA
Thebes
CAIRO
Memphis

El Minya
Luxor
ABU SIMBEL

いつか描いた**夢から覚めて**
気づきゃこんな**現実に覚めて**
どうせどうせで**諦めて**
ため息ばっかりなんてやめて
いいも悪いも**ひっくるめて**
燃料に変えて**力を込めて**
もう一度夢見りゃいいじゃない ていうか
今日はこの音に**乗りゃいいじゃない**

「KONO-OTO」Lyric by 卍LINE

CHAPTER 2

遠くまで来ちまったなぁ

written by Shin Ikeda

＊ギザ（三大ピラミッド、スフィンクス、博物館）
＊メンフィス（遺跡都市）、テーベ（トト神の町）
＊ルクソール（ルクソール神殿、ハトシェプスト女王葬祭殿、イシス神殿、ホルス神殿、カルナック神殿）
＊アブ・シンベル（アブ・シンベル神殿）
初心通り遺跡中心で回りたい。（聖）
（俗）は嫌でも道中出会うでしょう。

出発前、洋介から送られてきたメールにはこう記されていた。上の二つはカイロ。ギザとメンフィスはすでに見た。次のルクソールはカイロからナイル川沿いに南下すること720km、アブ・シンベルはそこからさらに540km下ったところにある。

カイロ～ルクソール～アブシンベルは、エジプト旅行の王道。旅人の多くは国内線を使うだろう。飛行機で大きな街から大きな街へひとっ飛び、もっとも便利で早い移動方法。でも俺は陸路で行こうと洋介に提案した。鉄道か、レンタカーか、バスか。

観光客でにぎわう街は魅力にあふれているが、その国のならではの生活という意味では少しばかり特殊なことが多い。たとえばどこかの国から日本にやってきた旅行者が、東京と京都に数日滞在して帰国したら、彼らは日本の非常に限定された特殊な部分を体験するに過ぎない。しかし、レンタカーを借りて東京から京都へドライブすれば、リアルな日本の日常を垣間見ることが出来るだろう。高速を使わず国道を寄り道しながら2泊3日とかならさらに良い。

俺にとって旅は、その国の日常に身を置くことだ。何年もたってある旅を思い出すとき、頭に浮かぶのは名所旧跡や世界遺産よりも、知り合って旧知の友のように親しくなったヤツらのこととか、ド田舎の道端の屋台の得体の知れない食い物とか、ヒトコトも言葉が通じないままラムールな雰囲気になったエメラルドグリーンの瞳の娘とか、そんなことばっかりだ。

「いいッスね、そうしましょう」。陸路の申し出を洋介は二つ返事で了承した。

滞在3日目の朝、ホテルをチェックアウトし、荷物を預けたままギザ駅へ。洋介が持ってきた地球の歩き方によれば、ルクソール行きの電車は夜行寝台があって、旧オリエント急行の払い下げた客車が使われているという。うーん、男同士というのが残念なくらいロマンチック。しかし窓口でたずねると3日後まで満席。たぶん歩き方のどこかに「予約が必要」みたいなことが書いてあったかもしれない。

全行程10日のこの旅で、出発前に手配したのは到着から2泊のホテル予約のみ。まあ見事に行き当たりばったりの旅なのだから仕方ない。ルクソール~アブシンベル200ドル、としつこく食い下がるタクシーおじさんを振り切ってホテルに戻り、レンタカー屋を調べるとエイビス（世界チェーン）がある。一番安い4ドアセダンを1週間借りて、保険込み約700ドル。ちょっと前なら世界中どこでもトヨタカローラが独占していたクラスだが、最近は韓国製ばかりが目立つ。日本人としてはくやしい半面、数千円プラスして日本車をオーダーするほどこだわりもない。

ホテルに戻って荷物を積み込み、もはやすっかり常連面のカフェで一服しながら、地球の歩き方の折りたたみ地図をチェック。カイロを抜けてしまえば、あとはほぼ一本道。「どうだい、マイカーだぜ。これでルクソールまで行くんだ」とウエイターに告げると、男は「そいつは良い。サラマレコム」と微笑んだ。

サラマレコム＝アッサラーム・アレイコム、イスラム世界の代表的な挨拶の意味は「あなたの上に平安を」。この言葉がすごく好きだ。

イスラムという世界は、日本人にとって遠い。それについてなにも知らないと言っていいくらいだ。キリスト教にしたところでたいして知らないが、教会で結婚式を挙げることが一般的なわれわれ日本人にとって、親しみ（と憧れ）は深い。

イスラムは、知らないだけならまだしも、さかんに報道される原理主義者たちの自爆テロによって、恐ろしげなイメージがつきまとい、無知であることがそれに拍車をかける。しかしモスリムとは、こんなやさしい挨拶を交わす人々なのだった。アルジェリアを旅した時に覚えた「アレイコム・サラーム」と返事を返すと、彼は大きく微笑んだ。

カイロ市内は道が入り組んでいるものの、ナイル川が中心を東西貫いて流れているから比較的わかりやすい。2夜を過ごしたコスモポリタンに別れをつげ、さあ出発だ。周りの車は結構荒っぽいが道はよく整備され、運転するのに緊張感はない。

ドライブは楽しい。俺はこれまで世界のいろんなところをバイクやレンタカーで走って、自分で運転する旅を重ねてきた。

運転する旅の一番の利点は、すべて自分の都合でよいこと。飛行機にしろバスや電車にしろ、公共輸送機関はすべからく乗り物側の都合に俺たちが合わせるわけだ。でも自分で運転すれば、その日のねぐらの前が駅であり、行きたい方向に時間も気にせず行ける。ものぐさな旅人にはこれ以上のことはない。

俺はもともとバイク乗りだから、もちろん最高なのはオートバイだけど、韓国製4ドアセダンでもドライブは楽しい。まったく知らない世界のどこかの街道、そこはもはや観光客の来る場所でない。その国の最もありふれた日常の真っ只中をただ走り続ける興奮。目的地に到着することよりも、走ることそのものが目的になっていく悦びは、まさしく旅の醍醐味だ。

ナイルにかかった橋を渡り南に折れて、しばらく走るとビルが立ち並ぶ都会の風景は徐々に終わりを告げた。しかし1時間経っても2時間経っても、田舎というより町が続く。何もないデザートを延々ドライブする、みたいな勝手に抱いていたイメージ（しいて言えばバグダッドカフェのような）ではまったくない。日本で言えば国道一号を日本橋から西に向かって走っているようなものだ。

夕暮れ時がやってきた。青かった空に少しずつ宵闇が溶け出し、たっぷり時間をかけて深い藍色に染まっていく様を、ハンドルを握ったまま眺めている。ふと思う。

遠くまで、来ちまったなぁ。

こんな異国の街道をひた走り、俺はいったい何をしているんだろう。夕暮れの色はいつだって人をセンチメンタルな気分にさせる。

すっかり陽が落ち、そろそろ腹減ったなあと話をしていると、ロードサイドに食堂らしき店を発見。車を止めると店先にリアルな肉塊がいくつも吊り下げられて、奥にＢＢＱの炉が見えた。おおっ、いいじゃん。いたくローカルな店構えが気に入って、道路に出されたテーブルに腰を降ろすと白のコック服を着込んだ男がやってきた。サラマレコム。アレイコム・サラーム。男は英語をまったく解さず、メニューもない。あったところで読めないから一緒か。肉を指差し食べるしぐさをすると、男は満足そうに大きくうなずいて店の奥に消えていく。きっとここでは誰もが肉を食べるのだ。待つことしばし、肉や野菜、得体の知れないディップなどを盛り付けたいくつもの皿が運ばれてきた。なかなか豪華な雰囲気。かぶりついた肉は塩味だけで硬く筋張っているけれど、濃厚な味で美味い。イッキに平らげてコーヒーとたずねると、ＮＯ。シシャを一服したいところだが、今日は先を急ごう。

「俺運転するッス、」と洋介が言う。ちょっとトライしてみたいという感じではない。

「へぇ、運転平気なんだ」「全然ＯＫ」。キーを渡すとドライバーズシートに腰を降ろしてエンジンをかけ、疾走し始めた。行きから車は多くない。街道には外灯もなく、真っ暗な闇をヘッドライトの光だけが照らしている。夜空に満天の星。

夜10時近くまでひた走り、通りがかりの街で安宿を取った。３ベッドの部屋が１５００円ほど。これにしたってボラれているのかもしれないが、英語がまったく通じないし、値切るほどの金額ではない。清潔ではないが不潔でもないベッドに横になると、あっという間に眠りに落ちた。

●

一日半で７２０㎞を走破し、ルクソールに到着したのはすっかり陽も落ちた午後7時過ぎ。さあどこに泊まろうかと駅前の広場に車を止めると男が近寄ってきた。年の頃は30前後か、ハローといかにも愛想がいい。男はアイマンと名乗った。

どこから来た？　ジャパン。ルクソールは初めてか？　そうだ。俺のおじさんが安いホテルをやってる、ボブ・マーレー・ホテルって言うんだ。ボブ・マーレー、知ってるだろ。

そりゃ知ってるが、何故エジプトでボブ・マーレー？　胡散臭さは否めないが面白そうだ、とりあえず行ってみよう。そう言うと男は車のリアシートに乗り込む。案内された路地の奥、建物の入り口には「Bob Marley House Hostel」の看板が。いかにも安宿、ホテルではなくホステルだ。

入り口を入るといたるところにボブ・マーレーのポスターが貼られ、怪しい雰囲気満点。オーナーはレゲエが好きなのだろう。一泊ひとり20ドルと言われ、空き部屋を覗くとまぁそれなりのバックパッカー宿で、屋上のレストランにはヒッピー然とした白人数人がたむろしていた。ボブ・マーレーには申し訳ないが、他も見てみよう。

ホステルを出ると、アイマンは当然のように車に乗り込み、「ボブ・マーレーは気に入らなかったか？　じゃあ他を紹介する」とガイド気取り。郷に入れば郷に従えは行き当たりばったりの旅の鉄則。彼の言うままに次の宿へ。そこはかろうじてホテルと呼べる店構えで、シャワーつきの部屋は清潔。屋上のレストランは広々として町が見下ろせ、１泊２５００円。合格点だ。

　荷物を部屋に置き屋上へ。ここも当然アルコールはなく、コーラをオーダー。アイマンはもはやすっかり友達気分で、「さあフレンド、今晩はどうする？　ハッシシはどうだ？　女は必要か？」と旅先の常套句で俺たちを誘惑する。もちろんどちらも嫌いではないが、（ハッシシはともあれ）ここは酒と女にめっぽう厳しいイスラム圏だ。

「女って、女と遊べるのか？」

「もちろん。ここのウエイトレスだってＯＫだぞ。あの子はどうだ？」とアイマンがあごをしゃくって示した先には、グラマーな女の子。いや、グラマーというには胴回りもフトモモも少しばかり太すぎる。「うーん」とうなっていると、じゃあ出かけようという話しになった。まるで「キャバクラ行こうぜ」と盛り上がる友達同士みたいだな。ホテルを出るとアイマンはタクシーを止めた。

　行きかう車も無いルクソールの夜は暗い。

白熱灯が点々と点るだけのこの暗さに較べれば、東京の夜はまるで午後4時くらいでしかない。裏路地はさらに薄暗く、胸を締めつけるような寂しさが唐突に湧き上がる。しばらく歩くと、ドアの前にプロレスラーのような体格の男が数人立つ建物。アイマンは男たちとなにやら話している。

と、そのうち様子がおかしくなってきた。明らかにアイマンはいきり立って、声を荒げている。アイマンは俺たちに向かって来いと手招きし店に入ろうとするが、ガードマンがそれを制す。どう見ても険悪。ボディビルで作り上げたマッチョなアラブ男数人と対峙し、まったくひるむそぶりを見せないアイマンもなかなかだが、どう見ても彼らともめるのはごめんだ。

どうやらアイマンがタダで入れろとゴネていた様子で、結局入場料を払い中へ。そこはアラブ音楽が流れるバーで、殺風景な店内の席は男たちで埋まっていた。男たちは皆同じ方向に目を向け、その先では女がなまめかしく腰を動かしている。

ベリーダンサーだ。きらびやかなラメのセクシー衣装。店内の装飾、男たちの服装、おおよそすべてが地味な色合いの中、腰と手をくねらせるスポットを浴びた女だけが、きらびやかな色彩を放つ。

見つめる男たちの熱い視線はまさに、ストリップ小屋のそれだ。しかしもちろん女は衣装を脱ぐわけではない。戒律の厳しいイスラムの元、風俗というものがほとんどないこの国の男たちにとって、セクシーな衣装をまとって身をくねらせる女子を無遠慮に眺める行為には、ストリップと同様の性的興奮があるのだろう。しかし性風俗大国日本からの旅人にとって、それはさほどの刺激ではない。

洋介は久しぶりのビールをオーダーしてアイマンにもおごり、酒を呑まない俺はコーラを頼んで3人でちびちびやっていると、アイマンが唐突に言った。

「やりたいか」

「ホワッツ?」

「あの女はどうだ、やりたいか」。

洋介と顔を見合わせる。やりたいかって言われても、果たしてダンサーはそういうことをする女性なのか。だとしたら店内にたった一人の女子に対し、数十人のおやじたちは皆ライバルということになる。「If she can.」と期待せず答えると、アイマンは任せとけという顔で小さく頷いた。

延々と踊り続けて袖に下がった女にアイマンが向かい、なにやら話しかけるもあまり相手にされてない様子。すごすごと席に戻って言葉はない。予想したとおりの結末。店を出ると次に行こうとしばらく歩いて入った店もバー。そこには踊り子はおらず、恰幅の良いママさんが数人のおじさんたちを相手に切り盛りしていた。ここでもアイマンにビールをおごり、彼はママさんとしばし話した後、「もう話はついている。ここでしばらく待っていろ」と言い残して店を出ていった。

しかし……待てど暮らせど何事も起きない。ママさんに話しかけても英語を解さないので会話にならず、1時間近くして店を出た。アイマンはビール2本をせしめて消えたまま。つまり俺たちは騙されたバカな観光客ということか。

なんなんだよ、一体。

そもそも女なんて、いなければいないで良かったのだ。妙な期待を持たせるから盛り上がり、挙句の果ては待ちぼうけ。あまりのマヌケさに笑う気にもなれず、暗い道をホテルに向かって歩いていると、でっぷり太った男がすれ違いざま声をかけてきた。

「コンバンワ！」

突然の日本語と、その妙な明るさに思わず「コンバンワ」と挨拶を返す。「ワタシハビッグボスです」と男は自己紹介し、しばし英語で話しをするうち、「私がいつも行くホテルで飲みましょう。ビールをおごります」と言い出した。このまま宿に帰っても寂しく寝るだけだ。本当におごる気があるかはさておき、男の人懐っこさに少し気が晴れた俺たちは、おごってもらうつもりもないが申し出に従い、近くのホテルに出向いたのだった。

そこはそれなりに立派な店構えで、彼はホテルの従業員と親しげに言葉を交わすと、最上階のレストランへ。洋介はビール、俺はコーヒーを頼み、エジプトはいかがか、好きか、明日はどこに行くんだ等としばらく談笑した。

さっきの出来事を打ち明けると男は大笑いし、「悪いやつはどこにでもいるものだ。きみたちは気をつけなければならない」と紳士的なアドバイス。まったくだ、と頷くとしばし間を置き、「ここでは女性と遊ぶのは非常にアンダーグラウンドだ。ポリスにも気をつける必要がある。こちらの警察はマトモじゃない輩が多いからな。で、きみたちは女性と遊びたいのか」とシリアスな表情になった。おっと、そう来たか。

どうする洋介？　どうしましょうか。行くだけいってみよっか。そうしますか、どうせ宿に帰るだけだし。そして俺たちは席を立ち、男は「ここは私が払う。そう言っただろう」と清算を澄ませ、煙草まで買ってくれたのだった。

人気のないルクソールの裏路地を歩くこと10分ほど。男は立ち止まってこう言った。

「ほら、あれを左に曲がった建物の上階にその場所はある。ツーリストはちょっと特別だから、俺が行って予約をしてくる。女がいるかも確かめるからな」

「おぉ分かった。よろしくね」と、ちょっとワクワクし始めた。男は続ける。

「ひとり30ドルだ。立て替えてもいいんだが、さっきホテルで払ったから3人分は持ち合わせがない。30ドルずつ預かろう」

え、そう来るか。「NOとりあえず行って見て来てくれよ」と洋介。しかし男は「カネをその場でオーナーに渡さなければ意味がない」と取り合わず、さぁ早く、ポリスが来たらめんどくさいだろう、とふくよかな手のひらを強く差し出す。

選択肢はふたつ。止めて帰るか、金を渡すか。さあ、君ならどうする。

30ドル。長旅のバックパッカーなら一大事、でも言っても2500円だ。しかも俺に限って言えば、さほど男を疑ってもいなかった。さっきのダンサーのようなセクシー女性がサービスしてくれるアラビアンキャバクラを勝手に妄想してしまったら、「もういい帰る」とはちょっと言えない。

騙されることや〝ぼられる〟ことに、俺はあまり抵抗がない。知るもののいない初めての土地で、ワクワクすることや効きの良いガンジャや面白おかしい仲間を得たいなら、ぼられるのは仕方ないことだと思う。法外な値段は別にしても、日本の日常生活に換算して納得できる金額なら良いじゃないか。

●

（俗）は嫌でも道中出会うでしょう。

出発前に洋介が送ったメールは予言だったのか。結果として男は60ドルを握り締めて角を曲がって消え、薄暗い路地にぽつんと取り残された俺たちは煙草に火をつけ、3本目になっても男は戻らず、5本目を吸い終えて言葉もなく家路に着いたのだった。

翌日から車で、基本ナイル川西岸ルートを通りルクソールを目指す。

カイロ市街は超渋滞、みんなクラクションを鳴らしまくって運転するため何が何のサインだかさっぱり。

街を出れば１００㎞／ｈくらいで快調に飛ばせるも、道々「アルマジロ」なるスピード制御用のでっぱりがウザい。

ノーブレーキで突っ込むとヨユーで天井に頭を打つ。

飯でも食べてりゃ大変なことになる。

ABAZA

Diesel Express
ديزل إكسبرس

ممنوع التدخين أو الإشعال
بنزين ٨٠
بنزين ٩٠
Mobil

ロバに葉っぱを乗せて働く3歳くらいの子供や、
ロバに2ケツのキッズ、さとうきび畑で人と一緒に働くラクダ、
タイのトゥクトゥクみたいな三輪タクシーを追い越して、どんどん田舎へ。
田舎へ行くほど目に映る色が鮮やかになってゆく。
似ているけどジャマイカよりも民族色が濃い、
やはりアラブ圏とアメリカ圏の違いは大きい。
窓全開でアフリカの空気を吸い込みまくりながらひたすら南下。日が暮れる。

この夜の運転が最初は恐い。
まず基本が無灯火、
良くて車幅灯、周りが暗過ぎるから点けちゃうと
対向車が危ないからと思われる。
車幅・車載・定員オーバー、逆走、動物飛び出し当たり前で、
昼夜問わず車線なんてあってないようなもの、
クラクションとパッシングで意思疎通して走る。
でもこの状況で驚くほど事故を見なかった。

この旅の中でもひときわ思い出に残っているエピソードを一つ、
エジプトは庶民の足としてハイエースのバスが無数に街をつないでいる、
そのバスの多くはデコレートされてて、
夜中は光る、
さっきも書いたけど行き交う中でみんなパッシングで意志を表示するんだが、
ある時これにルールがあることに気がついた（100%じゃないですが）
抜こうとする方が先にパッシングをして、対向車が答える、
それに答えてから抜く。という順番。

これが、そのバスのパッシングにタイミング良く返すと、
デコレーションをピカピカピカピカと光らせてくれるんですな、
すれ違い様に真っ暗闇のエジプトの田舎道が、
急にスペイシーなゲーセンのような空間になったのが
未だに眼に焼き付いている。

さっきチップ狙いの「良い人」が多いと書いたけど、
心の底から良い人との出会いももちろんあったわけです。
走り出した日、
ひとまず「エルミンヤ」という町まで辿り着き、
宿を取ろうと思いきや、
小さな町の少ない宿のどこもかしこも満杯。
人に聞くにも、
こっちは英語があまり通じないから
ジェスチャーが自然と多くなる、

そんな面倒くさい東洋人に、
1時間近く一緒に宿を探してくれた若い男がいた、
パンを片手に持ってたから
遅い夕飯でも買ったところだったのかもしれない、
最後なんとか無事に見つかって感謝の気持ちを伝えて、
お金を渡そうとしたら「いらないよ」って。
日本で俺にできるかな?

翌朝、蚊にボコボコにされて起床。

野菜入りコロッケパンみたいな
激ウマな朝食でテンション上がる。
こちらの飯は合うモノと合わないモノがある、
質素でオーガニックなところは好きです。
よほど日本人が珍しいらしく
(確かに観光地以外では一度も出会わなかった)、
やたら声をかけられたり物珍しそうに見られたり、
迷い込んだゲットーで子供に追いかけられたりした。

日本から持って行ったバブリシャスも
早々に喰い尽くしたとこで、
農家の人に「さとうきび」
もらったりしながらルクソール到着。
屋上で夜風に吹かれてビールで乾杯。
中華を食いに行ったら微妙だった。

SPORTS

この日の宿探しの話だけど、
ボブマーリーハウスなるホテルがあることを知って、
探してたけど見つからずに、
別のホテルにチェックインしようと歩いていたら話しかけて来た男が、
その店のオーナーの弟（自称）ですぐに見つかった。
宿はやたらめったらボブとラスタカラーの仕上げ
屋上もめちゃくちゃ調子良かったんだけど、
いかんせん肝心の部屋がかなり汚くやめた。
後日談になるが、
このルクソールに到着した日にルクソール近郊から
「来世への扉」なる遺跡が発掘されたと
奈良の友人から聞いた。

Waiting Y
Nile St. After Karnak Te
EL-HUSSE
RESTAURANTS
مطاعم
ea Food
iental Food
095 236 2000
095 237 2000
095 238 2000
012 231 88 52
http://elhussein.lxr.com.eg

夜中に地元の胡散臭い兄ちゃんに勧められて、
路地裏の怪しげなバーへ。
暗い煙い店内の舞台で、
アラビックバンド４、５名に囲まれて
下着のお姉ちゃんがレゲエダンサーみたいな格好で
ダラダラと順番に出てきては踊っていたのが、
妖しくて良かった。

みんなそれなりにブサイクだったけど。
なんか「聖と俗」という感じで一日を過ごした。

夜中のオレンジの水銀灯は
古今東西いい雰囲気を醸し出す。

CHAPTER 3

ツタンカーメン

written by Shin Ikeda

古代エジプトにおいて、ルクソールはテーベと呼ばれていた。紀元前2000年あたりに始まった中王朝時代から、新王朝時代を経て末期王朝時代の前半にかけて1000年以上の間、テーベは首都として栄えただけに、ルクソールにはたくさんの遺跡が集中している。

翌日は朝から聖なる遺跡めぐり。まずはルクソール神殿へ。チケット売り場から入場すると、長い参道の両脇にはまるで狛犬のような小ぶりのスフィンクスがずらりと並ぶ。そして神殿入り口。

「オベリスクだ」と洋介がつぶやく。

洋介によればオベリスクとは神殿の入り口などに立てられた記念碑で、2本あった片方はフランスに運ばれた。古代エジプトで作られたものだが、その多くはヨーロッパに持ち出されてしまったという。

5階建てのビルほどの高さのそれは明らかに巨大な一枚岩から切り出されたもので、表面にはびっしりと絵(いや、これが文字=ヒエログリフなのだろう)が刻まれ、3000年以上も前とは思えない精緻な作りが、当時のテクノロジー(そう、それはテクノロジーと呼ぶにふさわしいものだ)がいかに優れているかを現在に伝えている。一体どうやってこの巨大な塊を切り出し、ここに運び、どうやって立てたのか。身じろぎもせずそれを見上げる洋介だった。

その奥には巨大な坐像。ラムセス2世である。

古代エジプトのファラオの中でも「大王」と呼ばれるラムセス2世は、紀元前１３００から１２００年代にかけてこの地を統治した。平均寿命40年の時代に90を超えるまで生き、66年間統治したといわれるラムセスは、エジプト中に無数の遺跡を残している。

15年ほど前だろうか、フランス人作家クリスチャン・ジャック著の「太陽の王ラムセス」という本を読んだ。

本文がページで上下2段に分かれた全五巻の大作。当時の俺にとって初めて読む長さの書物だったが（そして俺は高校時代、世界史で0点を取ったことがあるほど歴史というものに興味を持っていなかったのだが）、とにかく興奮してイッキに通読したことを思い出す。

なぜ手に取ったかは思い出せない。でもこれで歴史への興味が大いに掻き立てられたのだろう、洋の東西を問わず歴史モノが大好きになった。歴女ではないが、マイブームである。

その後に読み漁った戦国武将モノや、お隣中華の三国志演義同様、「太陽の王ラムセス」では古代エジプトにおいて繰り広げられた血沸き肉踊る戦、どろどろとした権力闘争、大奥のような女たちの争いや恋物語が記されている。

日本の戦国時代は15世紀末から16世紀にかけての一世紀だから、５００年ほど前のこと。2〜3世紀の出来事である三国志は１８００年ほど前。ラムセスが生まれたのは紀元前１３００年頃といわれているから、３３００年ほど前になる。

１００年も生きられない我々にとって、それはとてつもなく昔の出来事のように思えるが、目の前にそびえ立つオベリスクや巨大石像を見上げながら神殿の中へと足を踏み入れる時、ラムセス2世もここをこうして何度となく歩いたのだという思いが沸いた。たくさんの観光客も訪れ、神殿の付近には今と同様、食べ物や土産を売る露天が軒を連ねていたかもしれない。ガラベーヤと呼ばれるシンプルな民族衣装は当時とさほど変わらないかもしれない。だとしたら3000年前も、ピラミッドが作られ始めた5000年前も、人々の暮らしは現代とさほど違わなかったのではないか。そう考えたらなんだか不思議な気分になった。

神殿は太い柱に壁、あらゆるものが岩で作られ、表面は刻まれたヒエログリフで覆われている。

古代エジプトで使われたヒエログリフは石碑に刻むための正式な文字で神聖文字と呼ばれ、漢字における楷書に相当する。パピルスへ手書きするには行書とも言うべきヒエラティック＝神官文字が使われた。末期王朝時代の第26王朝頃には簡略化が進み、草書体であるデモティック＝（民衆文）となった。

長いこと解読不能だったが、19世紀のフランス人学者ジャン＝フランソワ・シャンポリオンがロゼッタストーンを研究して解読に成功する。

ロゼッタストーンは1799年にナポレオン・ボナパルトがエジプト遠征を行った際に港湾都市ロゼッタで発見された、縦114・4㎝、横72・3㎝、厚さ27・9㎝、重量760kgの石碑。表面にはヒエログリフとデモティック、ギリシャ文字の3種類でおなじ文章が刻まれていたことから、ヒエログリフの読み方が解明されたのだ。

　現在では比較的容易に読むことが出来るヒエログリフは現代の言葉にも置き換えることが出来、くぼづかようすけを表記するとこうなるらしい。

　世界最古の文字と呼ばれるシュメール文字は、世界4代文明の一つであるメソポタミア文明のシュメール地方で約５５００年前に発明されたとされる。ヒエログリフはこれと並ぶ太古の文字である。

　ちなみに日本で文字が初めて使用されたのは（教科書などによれば）７１２年の古事記とされ、これ以前に「神代文字」と呼ばれる文字文化があったとする説は後世の捏造という批判が強い。もし古事記の時代に初めて文字が使われたとしたら、ヒエログリフ以来４０００年ほども日本人は文字を持たなかったことになる。

　文字とは、言葉を残す手段である。もし文字がなければ我々ヒトは記憶のみによって言葉を語り継がねばならない。つまり文字は、言葉に永遠性を持たせる技術なのだ。

　柱や壁に刻まれたヒエログリフを読めるわけではないのだが、実際その前に立ってみると、古代エジプト人たちのざわめきに包まれているような気分になった。

　カルナック神殿に移動。巨大な石柱が立ち並び、いくつもの神殿が建てられ、目を見張るような広大さは圧巻。当時のファラオの力を実感し、「十戒」や「クレオパトラ」といった歴史的大作映画を思い出す。チャールトン・ヘストンやユル・ブリンナーやエリザベス・テイラーといった往年の名優たちが演じた絢爛たるファラオの暮らしが、数千年前、まさにここで繰り広げられていたのである。

●

さらに車を走らせナイルに架かった橋を渡り、西岸へ。王家の墓に向かう。

墓の意味を持つピラミッドを築いた古王国時代と異なり、中王国時代を経て新王国時代には、ナイル西岸の深い谷に墓を築くようになる。太陽の昇る東岸は都、沈み行く西岸は死後の安住の地というわけだ。

パーキングに車を止める。荒涼たるデザートを整地した歩道を登ること10分。採石場のように殺風景なその様は、墓とはいえあまりに寂しい。

王家の谷には地下に掘られた60もの岩窟墓がひしめき合っている。到底全部は見られないから、目についたところに入ってみる。ラムセスⅡ。裸電球が照らす薄暗い階段を降り始めた瞬間、空気が変わる。ひんやりと冷えた空気が微動だにしないのだ。長い階段を下りていくと、突然広々とした部屋。世界を席巻した大ファラオは死後ミイラとなってここに眠らされた。耐え難い密封感に、うっすらと息苦しさを覚える。ここはまさしく墓の中だ。生きている人が長居する場所じゃない。

次にツタンカーメンの墓へ。

王族が街から離れたこのように寂しい場所を墓地に選んだのは、盗掘を防ぐという意味もある。しかしそのような長い空しく王家の谷も盗賊の被害にあったのだが、唯一300年以上に渡ってそれを免れてきたツタンカーメンの王墓。階段を下りていく、薄暗い石室は会議室ほどの大きさ。ガラベーヤを着た監視係の老人が一人、ぽつんと椅子に座っていた。他には誰もいない。

なにやら奥にケースが置かれている。なんだろうと近寄ってみると、思わず「ウッ」と声が出た。そこにはミイラが横たわっていたのである。つまりこれは、ツタンカーメンその人だ。

さすがに度肝を抜かれた。それはヒトにしては妙に小さいけれど、じっくり見るとヒト以外の何物でもない。目鼻立ちはなんとなく面影を感じるし、指なんてまさにリアル。対面に置かれた棺に見入っていた洋介に声をひそめて言った。

「洋介、ヤバイぜ」

振り向いてこちらに歩み寄る洋介。その瞬間「ウォッ」と小さな叫び。さらに数歩進んでケースと向き合い、固まってしまった。身動きひとつしない。俺は棺に向き直って数歩進んだ。と、その瞬間。

「バシッ」という小さな音とともに電気が消えた。停電。一瞬にしてあたりは真っ黒な闇に落ちてしまった。

なんという闇の深さ。どれだけ待っても目は慣れず、まぶたを閉じても開いてもまったく変わらない。目の前に手のひらを持ってきても何も見えない。これほど完璧な闇というのを経験するのは初めてかもしれない。そして俺は気がついた。

これがファラオの墓の暗さなのだ。今そこに横たわるツタンカーメンは、死後3000年を越える時間を、この闇の中で過したのだ。

そう思った瞬間、鳥肌が立った。それは恐怖というよりも、3000年という永遠のような時間を実感したことへの畏怖の念とでも言うべきものだろう。10年以上前に初めてひとりで屋久島・宮之浦岳に登り、樹齢7200年といわれる縄文杉と向き合った時に襲われた感覚と、それはよく似ていた。

係の老人がなにやらごそごそ探る音がして、懐中電灯をつける。弱々しい光の筋が闇を切り裂くように伸びる。「消してくれ。ライトは必要ない」と洋介は言った。同じような「何か」をリアルに感じているのだろう。老人はそれに従う。

再び深い闇。ラムセスの墓で感じた息苦しさはまったく感じない。ここまで真っ暗だと、部屋という感覚も、自分と自分以外の世界との境界線もあやふやになって、広大な宇宙にぽつんと突っ立っているような気分だ。右も左も、上も下もあったもんじゃない。

どれくらいの時間をそこですごしただろう。手探りで階段を登り、地上に戻ってこの世に生還。次へ。

そこは玄室に向かう階段が広く長く、両側の壁にはびっしりと絵が書き込まれていた。洋介は俺の前を歩き、カラフルな色彩を保つ壁画に囲まれて地下深く降りていく。その光景は実に美しく神秘的で、あたりを見回すと誰もいない。俺はニコンを洋介に向け、シャッターを切った。カシャ、カシャ、カシャ。ささやかなシャッター音が響く。するとその時。

「●※◎▲＃▽■＊★＋＠〓×◆！・！」

怒鳴り声。振り向くとガラベーヤ姿の老監視員が怒りの表情でこちらに向かってくる。ここは撮影禁止、たまたま男は持ち場を離れていたのだろう。俺の腕を引き、なにやらアラビア語でわめきながら今来た階段を上っていく。うわ、ちょっとめんどくさいことになったな。そう思いながら素直に従う。

入り口に戻ると男は若干冷静さを取り戻し、俺からカメラを取り上げると「再生しろ」とゼスチャーで示す。再生ボタンを押すとモニターには壁画に囲まれた洋介の姿が次々と現れた。男は首を振り、言葉を続けた。ノーフォト。ポリス。時折英語を交えつつひとしきり文句を言うと俺を隅に引っ張り、こう言った。

「マネー。ＯＫ？」人差し指と親指をこすり合わせるジェスチャーつきで。

正直ほっとした。第三世界の旅は、なにか問題を起こしても（ポリスを含めて）金で片がつく場合が多い。ほとんどと言ってもいいくらいだ。有り金を見せないように注意しながら、ジーンズの尻ポケットから10ドルを出し、男に差し出す。首を横に振る男は、明らかに「これじゃ話しにならない」と言いたげ。さらにもう一枚。すると男は洋介に向き直って、オマエも金を出せ、と手を差し出した。

その瞬間、洋介はキレた。「ヘイユー、ざけんなよ」と大声で叫ぶ。ざけんなよ、は日本語。正義感の強い男。この状況でたいしたものだ。洋介の気持ちはよく分かる。行く先々でバクシーシと手を差し出され、アラブの商人のずうずうしさにほとほと辟易していたところだ。でも俺は天を仰いだ。アチャー、やっちゃったよ。

男の態度は豹変し、再びアラブ語で怒鳴り散らすと俺に金を突き返し、カメラを持ったまま手を引っぱって歩き出そうとする。「ちょ、ちょっと待て。分かった、俺がもう10ドル出すよ」といってももはや聞く耳を持たない。結局事務所に連行されながら、洋介に言った。

「金持ってるか?」

「うん、そこそこ」

「じゃ、大きい札はどっかに隠して、小さい札だけ出せるようにしておこうぜ」

事務所に着くと洋服姿の若い男がひとり座っていて、老監視員はなにやら説明している。男はニヤニヤと笑みを浮かべ、「君たちは墓の内部で写真を撒った。それは本当か?」とたずねてきた。流暢な英語。

「イエス」そう答えるしかない。すると男はモニターを再生しろといい、記録されたデータを一枚づつ検証して言葉を続けた。

「墓内は撮影禁止だ。それは知っているね」

「イエス。でも誰もいなかったから、つい……アイムソーリー」

全面的に悪いのはコッチだ。まずは素直に謝って、相手の出方を探るしかない。

「これは大変な罪だ。君たちは警察に行くことになる」

「サー、それは分かるが、ここは何とか簡単に済ませる方法はないだろうか」

男は相変わらずニヤニヤと不敵な笑みを浮かべ、デスクから取り出したノートになにやら書き込み始めた。

「方法はないこともない。私がここで罰金を受け取ることが出来る。もし君たちにそのつもりがあればね。警察署に出頭するのも大変だろう。何枚写真を撮ったか確かめよう。１、２、3、4……16枚。ふう。規則によって一枚20ドル、３２０ドル支払いたまえ」

おいおい、それはいくらなんでも高すぎる。第一ポケットには１００ドルも入っていない。

そこで俺は（無駄だと知りつつ）ささやかな切り札を試してみた。

「サー、私はそんな金を持っていない。本当は言いたくなかったが、この男は私に『金を出せ』と言ったんだ。私が10ドル渡すともっと出せと言い、もう10ドル渡すと今度は私の友達に向かって同じことを言った。それで私の友達が怒ってしまった」

ほう、と男は監視係となにやら言葉を交わし、再びこちらに向き直る。

「彼はそんなことはしていないと言っている。私は自分の部下を信じる」

完全な出来レースだ。しかしコチラに打つ手は何もない。「勝負の前にテーブルを見回し、カモがいなければ席を立て。オマエがカモだ」というアメリカ人ギャンブラーのことわざを思い出す。しかし俺たちには席を立つ術もない。

結局俺は有り金をテーブルの上に並べた。80ドル少々。男はそれを受け取り、洋介に向かって入り口でチケットを2枚買ってくるように言った。何の意味かは分からんが、洋介はしぶしぶそれに従う。チケット売り場までは片道10分ほどもあるが仕方ない。

洋介が戻る間に男はノートに何かを書いて俺にサインをさせ、写真データを消去させて入念にそれを確認し（一枚でも残そうとしたが無駄だった）チケット2枚を手に洋介が戻るとようやく晴れて自由に身になった。

（俗）は嫌でも道中出会うでしょう……やはり洋介は預言者だ。そんな予言、当たらなくてもいいのだけれど。

●

気を取り直してハトシェプスト女王葬祭殿へ。車を止めてゲートに行くと、係員は冷たく言い放った。

「今日はもう終わりだ。また明日来い」

「見学は何時までだ？」

「4時」

4時にはまだ20分ほどある。何とか入れてくれと交渉しても、まったく埒が明かず。俺たちはすごすごと帰路についたのだった。

帰り道はうっすらと夕焼けが始まっていた。西の空は淡い橙に色づき、白い砂漠をほんのりと染めていた。思わず車を止め、それに見入る。洋服を着た3人の男の子が「ハロー」とやって来て、しばらく会話もなくふざけあう。「バクシーシ」と手を差し出すのではないかと思ったが、彼らは一様にシャイで素直な子どもで、「じゃあなバイバイ」と手を振りながらそんなことを考えた自分を少し後悔した。西の空は少しずつ色を変え、もはや立派な夕暮れ時だった。また一日、旅が終わろうとしている。3000年前の人達も、5000年前の人達も、こうして沈み行く夕陽を眺めただろう。もはや彼らと俺の間に違いはなくなっていた。

街で飯を食って（俺はものの見事にスッカラカンだから、洋介がおごってくれた。やけくそで店で一番高いステーキ＝18ドルをオーダーした）宿に帰ると、ロビーにアイマンが待っていた。俺たちを見つけ、「オーマイフレンド」と嬉しそうに歩み寄る。「夕べはどうだった」と声をひそめた。悪びれる様子はまったくない。

フレンドじゃねぇよ、昨日は一体なんだったんだよ、と問い詰める。さすがに30ドル払って騙された話は伏せておいたが、「店のオーナーと話はついていたんだ。なぜお前たちは帰ったんだ」と、さもコチラが悪いような言い草。事実のほどは分からないが、ま、いいか。昨日は昨日、明日は明日の風が吹く。

さあ、今夜はどうする？　ガンジャはあるか？　買いにいくか？

元気の塊のようなエジプト男だ。アイマンはそう言って、眉毛のつながった目でウインクした。

ルクソールでは、
これまた念願のルクソール神殿、
カルナック神殿を見て舞い上がり。
気分はエジプト時代。
しかし途方もないモノを作ったものだ、
しかも諸々の技術や知識が
すごい精度だっていうじゃないか。

ヒエログリフが読めたら、
と旅の間ずーっと思っていた。
昔、夢でヒエログリフがそれぞれ動き
ベルトコンベア式に全てが
一方向に動いているのを見たが、
モノホンも動きそうだった。

対岸のハトシェプトス女王葬祭殿は、
距離を置いて見ると、昨日建てたように白く美しく、
円盤が発着してそうな雰囲気さえした。

まるでスターウォーズ…逆か。
朝陽の中の神殿はここまでの旅の中で一番神聖な空気だった。

DVPPIES

実は前日にトライしたものの
16時55分くらいで17時00分ＣＬＯＳＥだから
ダメだと言われ軽くごねてたら
マジ切れされて帰って来ている。
エジプト人は厳しい人が多い。
頭ごなしに「分からない」
と決め込んで話してくれない人も多い。

ジェスチャーであきらかに「エアプレイン／空港」って、
終いには車降りて全身で表現しても
取り合ってくれないと、
カチンと来る。
こちらはもうダンスホールの
ニューダンス状態なのに…

そしてこの旅で一番驚いたことが起こったのは、
そのハトの横の方に位置する「王家の谷」でだった。
ここも人気の観光地で駐車場には観光バスが相当停まっている、
チケットを買ってゲートをくぐるとワイワイ色んな人種の人がいた。

エジプトは万国の人を見られる世界的なポイントの一つだろう。
ここでお決まりの「先に行くには乗り物チケット買って下さい」
ここは「侍スタイル」で歩いてゆくことにした、
ら、ソッコーで着いた。
「乗り物に乗るってことは遠いんだろう」という、
向こうに言わせれば「勝手な解釈」を
逆手に取った軽い詐欺だ。
まあ歩きゃ汗だくですけど。

さて、墓群の中心辺りに「ツタンカーメン」の墓はあるんだけど、
やはり一番人気でその入り口付近はイモ洗い状態、
ガイド達がお客を輪に、
それぞれの国の言葉で説明している、
その横をすいすいっと抜けて中に降りてみると、
意外にも中はガラガラだった。
珍しくも関西弁の日本人カップルと
ヒマそうな監視人が座ってるだけ、
ラッキー。そう思って、まずは左方のミイラを見てみる、
14歳くらいで亡くなってる為にかなり小さい。（この頃にはミイラも見慣れる）
その次に、右方の棺。

これは有名な棺で写真でも見たことがあった、
こちらサイドの壁はヒエログリフやら絵やらで賑やか、
棺そのものも豪華で見応えがあるのだが、
途中から柵で仕切られているため触れることは出来ない。
その柵にかぶりつくように見た。
足下から舐め回すように少しずつ顔の方へ、
「はあ～」なぜかため息が出る、と、
その神々しい顔の、天井を見つめる「目」を見た瞬間！
ボン！
って大きな音がして停電。真っ暗闇。無音。
一瞬何が起こったかわからず放心状態になった。

「……これ、オリジナルの保存状態じゃね？」

三千年近くこのまんまだったってことでしょ？

…鳥肌が尋常じゃない。
鳥肌ウソつかない。

不思議と闇がまったく怖くなかった、
むしろ落ち着くぐらいだ、
途中で監視人が「まるで見えてんじゃねえか？」ぐらい普通に
真っ暗い中を、
懐中電灯渡しに来てくれたが断った。
こんなのツアーでも体験できないよ！
アドレナリンが出まくってる。
心は「なんか起これ！」的に、
静かにでも相当に盛り上がっていた、

そしたら願いが叶ってしまった、
棺の向こうに小さな部屋（家財道具置き場）の
入り口があるんだけど、
その辺りから、
白く淡く人型に発光するモノが
歩くように出て来て、右手を振った。
「…?……」また一瞬理解不能、
そして、鳥肌。

ナニ？

ダレ？

ナニ？

実はパニックくらいしてたかもしれない。
間もなくボン！とまた音がして灯りが戻るんだけど、
この10分に満たない出来事のその後はしばらく放心状態だった。
「俺はツタンカーメンに会ったのかもしれない…」

CHAPTER 4

俺たちが誰でどこから来てどこへ行くのか

written by Shin Ikeda

翌朝。昨日見逃したハトシェプスト葬祭殿を経由して、最終目的地アブ・シンベルを目指した。エジプトの国道はもはや走りなれた道、540キロなんてひとっ走りだ。カイロ～ルクソール～アブ・シンベルは、ナイル川に沿って、ただひた走る旅。

ナイル。ケニア／ウガンダ／タンザニアにまたがるビクトリア湖に発し、スーダンとエジプトを貫いて地中海へと流れ込む、全長6650㎞、世界最長の大河。その流域には肥沃な土地が広がり、エジプト文明を育んだ。古代ギリシアの歴史家ヘロドトスはその著において「エジプトはナイル川の賜物」という言葉を残している。

氾濫を繰り返すナイルを御すために測量技術や天文学が生まれ、文字や数字が生まれ、この地で始まった古代文明は、現在の我々の暮らしに直結するさまざまな技術や学問、思想を生んだ。つまりナイルは、我々人類の母のような存在とも言える。

最も多くの遺跡を現代に残すラムセス大王統治の時代を生きた人物にモーセがいる。

紀元前13世紀のエジプトに生まれたモーセは、移民であるヘブライ人。エジプト人に虐待されたヘブライ人を助けたことから追及の手を逃れるためにアラビア半島に移住し、そこで「ヘブライ人を約束の地へと導け」という神の啓示を受ける。モーセはエジプトに戻り、ファラオに反目しながらヘブライ人を扇動。紅海沿岸に追い詰められたとき、モーセが杖を振ると海が割れ、彼らはエジプトを後にしたと旧約聖書の「出エジプト記」に帰されている。その後も苦しい旅を続けながら、モーセはシナイ山の山中で再び天啓を受け、神より十戒を授かる。これが有名な「モーセの十戒」だ。

モーセによって興った原始ユダヤ教は、後に始まるキリスト教とイスラム教のルーツとなった。3000余年を経過した現人類の50％ほど（30億人！）が信仰する二大宗教の基礎は、古代エジプトを舞台に生まれたのである。これもまたナイルの賜物なのだろう。

アスワンまで200㎞ほどをイッキに走り、イシス神殿へ。ナイルの宝石と謳われるこの神殿は河の中州に建つため、船着場でランチを済ませてシシャを一服し、タクシーボートでナイルを渡る。アスワン以南はヌビア地方と呼ばれ、世界で最も日照率が高いらしい。この日も快晴、冬だというのに太陽はじりじりと暑く、Tシャツで川を渡るのはこの上なく心地いい。

10分ほどで到着したイシス神殿は、建立が比較的新しいせいもあるのだろう（とはいえ2000年まえなのだが）保存状態の良いレリーフが美しかった。

さらに先へ。

小学校の教科書以来聞く名前のアスワンダムを見学し、さらに1時間ほども走ったところで、道が封鎖され検問が行われていた。車を止めてしばらくすると、小銃を肩にかけた警官がやってくる。いや、軍人だろうか。免許とパスポートを渡すとどこかに立ち去り、私服のちょっと偉そうな感じの男とともに戻ってきた。

なにやらめんどくさい予感。いくつもの事件を経て、俺たちのセンサーは敏感になっている。男は言った。

「君たちは旅行者か？」

「イエス・サー」

「ここから先は進むことが出来ない。引き返したまえ」

ホワッツ？

引き返せってのは、どーいうこと？　しかし男はまったく聞く耳を持たず、Uターンしろという仕草をして去って行った。残されたのは英語を解さない軍人さん。あっけに取られる洋介と俺。

どーいうこと？　分からん。でもここまで道を封鎖して検問をやるくらいだし、なにか理由があるんだろう。加えて私服警官の問答無用の雰囲気。王家の谷のなすすべないあの無力感が、トラウマのように蘇る。こりゃ交渉しても無駄だな。

こうして俺たちの旅は突如、尻切れトンボのまま強制終了と相成った。

帰国後に調べたところ、アスワンからアブ・シンベルは旅行者が陸路を単独で移動することは禁止されており、陸路を行くツアーバスはコンボイを組んで軍車両の警護を受けながら走るらしい。まぁ、いまさらそれを知ったところでどうしようもないのだが。

ルクソールに戻って一泊。翌日カイロを目指す。

地球の歩き方の付録の折込地図を見る限り、ルートは2つ。来た道を引き返すか、あるいは紅海に出て海沿いに北上するか。曲がりくねったナイルに添って大小の町や村が点在する街道に対し、横断し紅海に出て北上するルートは直線的で、かつ町のマークがほとんどない。たぶん海沿いのほうが早いだろう。ルクソールからしばらく戻ったエナという街で東に折れ、東方砂漠に突入。緑豊かなナイル沿岸とは打って変わって、ひたすら乾いた白いデザートが広がっている。2時間ほどひた走ると海に出た。北へ。

途中唯一の街であるハルガタは、西洋風の巨大ホテルが立ち並ぶビーチリゾート。物は試しとその中でもひときわ豪華なヤツに立ち寄った。広々としたロビーを抜け、ビーチ脇のカフェテラスへ。ビキニの女の子を眺めながらスパゲティ・ボロネーズを食べる。

エジプトにもこんなところ、あったんだ。客に日本人は皆無、全員が白人。彼らは長いバケーションでゆったり過ごしているのだろう。一週間でカイロとルクソールとアブ・シンベルを巡るパックツアーでは、ビーチリゾートに寄るヒマなんてない。

右は海、左は砂漠。不思議な風景の道を北へ。ドライブインでコーラを飲み、さらに北へ。ただただ走り続けてカイロに戻ったのは夜も更けた頃。メトロポリタンホテルにたどり着くと、オープンカフェの男たちが笑顔で迎えてくれた。我が家に戻ったような安心感。4泊5日のささやかな冒険からの生還を、コーラとシシャで祝った。

翌日は最終日。歩いてカイロ考古学博物館を訪れ、半日そこで過ごす。決して巨大とは言えない2階建ての博物館には、100を超える室に12万点のコレクションが展示され、考古学好きにとってはまさしく玉手箱。大小ありとあらゆる石像、木像、棺、家具、腕輪や指輪、首飾りといった装飾品、副葬品、日用品、パピルス文書からミイラまでが、整然と言うより物置のような有様で並べられている。

中でも最大の人気を誇るのが、ツタンカーメンの黄金のマスク。これは説明の必要がないだろう。時価にして300兆円という噂の真否は定かでないが、暗い部屋でひときわ鈍く輝くその姿は、これだけでも「エジプトに来たんだなぁ」という気にさせる神秘のオーラを放っていた。その重量は11キロ。これ以外にも黄金の人型棺は110キロ。金相場が1グラム3500円と見積もると……下世話な話は止めておこう。王家の谷の真っ暗なあの部屋に安置されたミイラは、このマスクを被って3000年以上眠っていたわけだ。

ひんやりと空調が効いたミイラ室は圧巻だ。23体のミイラはいずれも保存状態がよく、ガラスケースに入れられ数十センチの距離を隔てて見ることができる。わずかに残った毛髪や歯。ほっそりとした手の指には爪もある。作り物以上にそれは"人間的"で、かつては自分と同じ生身のヒトであったことが明らかに分かる。表情、その人となりさえ伝わってきそうで、王家の谷の時と同じ身震いがした。

死後の身体から内臓と脳を取り出し、水分を吸収する特性を持つ天然の炭酸ナトリウムで強制乾燥させ、木の樹脂を塗って布を巻き棺に納める。内臓は乾燥後カノプス壷と呼ばれる

4つの器に分けて保存されたという。死後3000年を経てなお原形をとどめるのだから、古代エジプト人のミイラ作りの技術はきわめて高度だ。そしてミイラは家具や食料などの副葬品とともに墓に納められた。

人というのは不思議な生き物だ。

その亡骸をミイラとして保存してまで、死後に再生／復活を果たすことを願う。確かに、死後蘇っても体がなければ生きられない。この「生」に対する貪欲なまでの欲望は、哺乳綱霊長目ヒト科ヒト属である我々の最大の特徴とも言える。それは同時に「死」に対する恐怖でもある。

ヒトは生まれたその瞬間から、死に向かって一直線に進み続ける。すべての生き物に共通する事実。しかし生きながらそれを知るのはヒトだけだ。しかも死後どうなるかは分からない。当たり前だ。今生きている人は死んだ経験がないのだから。そして死者は何も語らない。だから俺たちは闇雲に死を恐れる。

未知なるものへの恐れ＝畏怖を克服しようとする願望は、文明を発展させる原動力だ。圧倒的に夜空を埋め尽くす星空を眺めることが天文学を生み、ヒトは月に到達した。死を遠ざけるために医学が生まれ、死への恐怖をやわらげるために宗教が生まれ、生の有り様を解明するために科学が生まれ、神の采配を理解するために幾何学が生まれた。そしていつか物理学がこの世界の成り立ちを解明する時が訪れても、ヒトが死を免れることはない。

ヒトは数千年の時を経て、どれほど変わったのだろう。

古代エジプト人の亡骸に囲まれて、いろんな疑問があふれ出す。

ピラミッドや巨大神殿を建立した古代エジプト時代は３０００年ほど続いた後、紀元前５２５年にペルシャが征服。同３２２年にアレキサンダー大王がペルシャを滅ぼし、紀元前３０年にはローマ帝国に支配され属州となり、キリスト教が広まった。６３９年にはイスラム帝国が征服、現カイロの地に都市を築く。以来カイロは一貫してエジプトの首都であり、イスラム世界の中心であり続けている。

カイロの町をドライブし、イスラム地区に行った。

メトロポリタンホテルや考古学博物館のある新市街地の整然とした街並みとは打って変わって、細い路地が入り組み、ヒトや自動車や荷車でごった返す雑踏。エジプト人の日常生活と、イスラム世界の熱に満ちている。このカイロの下町は世界遺産に登録される地区でもあり、モスクやミナレットと呼ばれる塔を始め、中世イスラムの歴史的建造物がいたるところで見られる。洋介は荒っぽい地元ドライバーにひるむことなくハンドルを握り、エキサイティングなドライブを堪能。見かけた食堂で食ったチキンは抜群に旨かった。

「アッラーフ・アクバル、アッラーフ・アクバル」一日5度の礼拝の時間をスピーカーで知らせる大音量の響き。エジプト歌謡。クラクション。人々のざわめき、怒鳴り声。混沌としたアラブ世界、カイロ。未知なる世界と悠久の時を彷徨った短い旅は、終わりを告げようとしていた。

近代的なビルがびっしり立ち並ぶ新市街のすぐ脇に、中世の面影を色濃くとどめるオールドタウンがあり、郊外に出ればピラミッド。古い街を破壊せず、その脇に新しい街を築いたエジプトの旅で、何度もタイムスリップしたような感覚に陥った。

3000年とか、5000年とか、おおよそ自分と縁のなかった遠い過去を、「我が事」として感じること。写真や文章では伝わりきらないリアルが、いつだって旅には満ちている。

●

初日の夜。

コスモポリタン・ホテルの部屋で、時差ぼけで眠気が訪れないまま、洋介はポツリポツリと自身の身の上を語り始めた。

「16歳のときに芸能界デビューをして、なんの苦労や下積みもなく、勝手にとんとん売れちゃった。ドラマや映画に出て、演技も評価され、全部が順調。自分が右向けって言えば何万人が右向くような状態で、『人生って、こんなにうまく行っちゃうんだ』って、挫折や悩みなんてまったくなし。みんな何で悩んでいるかが分からない。

でも、実力以上だったんだろうな。徐々に疑問を持ち始めた。アイドル扱いされるのに嫌気がさし、ジャニーズと較べられたりトレンディドラマもうんざり。そんなころ、あのことが起こった。

あの日は嫁さんと朝食食べて、子どもと遊んでいた。で、次の記憶は病院のベッドの上。えっ、なんなのコレ。自宅マンションの9階から落ちた事情を説明されたけど、まったく覚えていない。

そのとき嫁さんは隣の部屋にいて、外でドスンと音がしたから俺に話しかけたけど返事がない。アレっと思ったら窓が開いていて、何気なくベランダに出て下を見たら、俺が倒れてた、って。

落ちた、というよりジャンプしなければ届かない位置だったから、俺が自分の意思で飛んだんだろう。でも何も覚えていない。悩みがなかったわけじゃないけど、死ぬほどの悩みじゃない。酒を飲んでいたわけでもドラッグをやっていたわけでもない。ただ思い当たることは、その数日前、すごく大きなことに気づいたんだ。それが予兆、調子に乗っていたんだろうな。

9階だからね、死んで当たり前。その日の俺は世界で一番運が悪かった。でも同時に、ピンポイントでフェンスに落ちたから、生きていた。ちょっと右でも左でも、手前でも奥でも確実に死んでた。だから世界で一番運がよかったとも言える」

「病院のベッドで体を動かすことも出来なくて、悶々と悩んだ。心と体が別々になって。『お前のせいでこんなことになって、どう責任取るんだ』って、動かない足が攻めてくる。さんざん考えた挙句、ごめんなさいと心底思えた瞬間から足が動いた。心と体は通じているんだな。

もう仕事もないだろう。収入もない。家族とどうやって暮らしていけばいいんだろう。不安が押し寄せてきた。それまでなんだかんだと頻繁に会っていた人たちのほとんどは、イッキに連絡くれなくなった。

そんな時、先輩が来て屋上に連れて行かれて、「いい加減気づけ。お前何したのか分かってんのか」って言われて。退院したらマスコミがマンションに殺到して、住民の人たちが手をつないで敷地に入らないように守ってくれたり。うれしかった。本当の仲間が見えた」

「時間はかかったけど怪我がよくなって、大きな転機はレゲエに出会ったこと。それまでもレゲエは好きで聞いていたけど、卍ラインとして唄い始めた。スタートはお笑い扱い。馬鹿にされた。狂ったんじゃないの、みたいなことも言われたし。でも何年も続けていたら、徐々にみんなが認めてくれるようになった。

新しい人生があの時始まった、って今は思える。飛び降りたこともこうしてようやく話せるようになったし。ギャグやネタには出来ないけどね。芸能人窪塚洋介は終わったけど、スタートラインに立ったんだよ。プラマイゼロ。今がゼロ、そう思ったら、モチベーションが上がった。

ちょうどそんなときだったんだ。『どこ行きたい？　行きたいところに行こう』って言われたのは。『エジプト』って即答したでしょ。小学校の頃から思い描いていた場所。この旅でいったい何があるんだろう？」

「ようやく呼ばれたか」

エジプトに行くことを決めた日、洋介はこう言った。子どもの頃のワクワクを胸のどこかに持ち続け、今、ようやく呼ばれた。そしてこの旅は始まった。

行き当たりばったりで進み続け、アスワンで追い返されて、最終目的地へはたどり着かず。アブ・シンベルには呼ばれていなかったのだろう。

「でもね」

Uターンしてすごすごと引き返す道すがら、ヒュンダイをドライブしながら洋介は言った。

「また来い、って呼ばれた気がする」

アブ・シンベル見たけりゃ、また来るしかないから。今回アブ・シンベルまですんなり行けて、旅が完結していたら、もう来なかったかもしれないし。

そうだよなぁ、まったくだ。窪塚洋介という男の考え方に、大いに共感する。

俺たちは呼ばれている。

旅に出たいという想いは、俺たちを呼ぶ声だ。行ってみたい、見てみたい、会ってみたい。君も心当たりがあるだろう。またあとで、と断ってばかりいると、呼ぶ声はいつしか遠ざかる。そしてそれは旅に限らない。

少年時代の夢を31歳の今叶えたように、呼ぶ声に忠実に、粘り強く従ってきたから、窪塚洋介の今がある。そして呼ぶ声が、この男を未来へ導いていく。俺たちにしたっておんなじことだ。5000年前のファラオのお告げだ、間違いない。

「今度は女房と娘、連れてこよう。このエジプトをアイツらにも見せたい」

果たして俺はエジプトに再び戻り、アブ・シンベルをこの目で見る日が来るだろうか。

答えは自分が一番よく知っている。その時はスエズ湾を隔てた対岸のシナイ半島、モーセが天啓を得たというシナイ山に登ろう。


出合ったエジプト人の印象は、とにかく「濃い」のヒトコトに尽きた。

なんとか金をせびってやろうと寄ってくる客引き、監視員、警察官。金はさておき「ヘイフレンド」と、とにかく話に首を突っ込もうとする怪しげな輩。やかましく、人懐っこく、やさしく、てきとうで、がめついエジプト人。ヒト同士のコミュニケーションがオブラートに包むようにデリケートになりすぎた日本からやってきた俺は、そんな彼らが（見事ダマされたあのオヤジも含めて）好きになっていた。とにかく熱い人たち。政府を転覆させたデモの映像をテレビで見ながら、彼らの熱さをリアルに心に思い出す。アイマンは、オープンカフェの男たちは、あのいんちきオヤジはデモに加わったのだろうか。


この旅で、20年も心に描き続けてついに旅立ったエジプトで、洋介は何を得たのか。

俺にはわからない。おそらく洋介にも分からないだろう。2週間ほどの旅で何かが劇的に変わるほど、人生は簡単でも単純でもない。旅は万能の即効薬ではない。

しかし旅の体験は、心の奥にしみこんで、ボディーブロウのようにじわじわと効いてくる。

時間をかけて発酵し、本人がそれと気づかぬうちに、人生を正しい方向に導いていく。

自分探しの旅をしても、自分なんて見つからない。なぜなら自分はすでにここにあるのだから。思いのままに、呼ぶ声の導きに従い、いんちきオヤジや怪しげな輩やセクシーな女の子、一期一会の出会いに胸躍らせたり落ち込んだりしながら旅を続ければ、俺たちは勝手に自分自身に突き当たる。

人生は旅のようだ。よく聞く台詞。ならば俺たちは、旅で人生を学ぶのだ。


明日がどうなるかなんて、わかりゃしない。

はるかかなたの老後より、今が楽しいことを考える。

いいかい君は呼ばれている。いつだってコッチに来いよと呼ぶ声がする。

君はソッチが楽しいことを知っている。でも、いつも、ためらっている。


自分以外の「なにか」ばかり気にして、うんそうすると素直に言えないでいる。

あるいは不安で言えない。呼ぶ声の主は他ならぬ君自身だというのに。

時には後回しにしてもいいけど、決して忘れてはいけない。

忘れてしまえば君はもう呼ばれない。

いいかい勇気とは、不安に打ち勝つことじゃない。
不安に向かっていくことだ。
呼ぶ声を信じて足を一歩踏み出すことだ。

旅に出よう。夢を追おう。
ニュースキャスターがしかめっ面で語る、暗い現実と不安な未来の裏側で
熱い世界は君を待っている。

ぐっと神秘的な旅になってきた
「エジプトツアー」も折り返しを過ぎ、
アスワンのイシス神殿で、
また白銀に光りながら凄い早さと角度で
宙に昇ってゆく2つの物体を見たりして拍車がかかった。
アスワンハイダムに行った時に、
昔、教科書の字面だけで認識していた場所で、
息を吸い飯を食って感動しているということに、感動した。

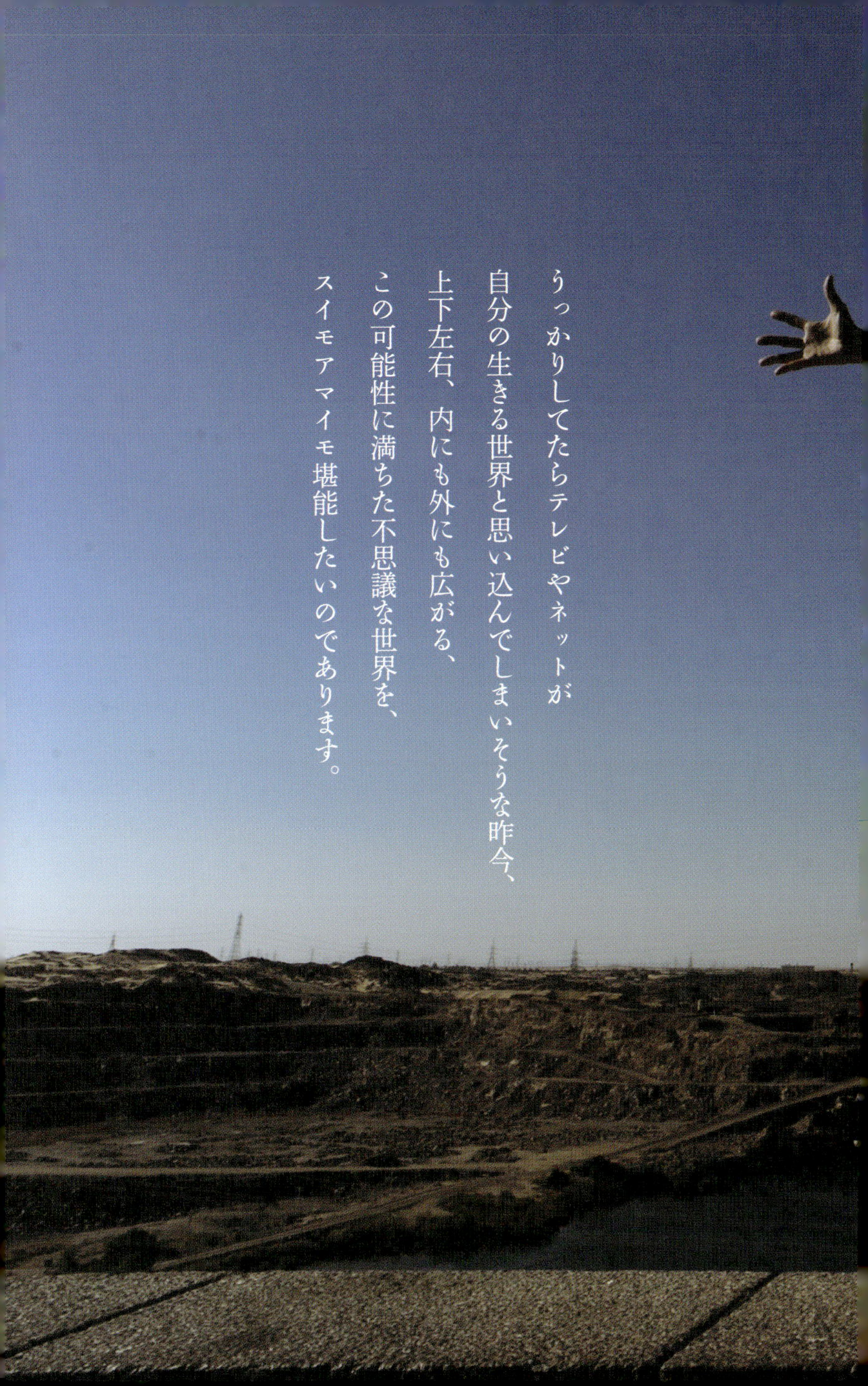

うっかりしてたらテレビやネットが
自分の生きる世界と思い込んでしまいそうな昨今、
上下左右、内にも外にも広がる、
この可能性に満ちた不思議な世界を、
スイモアマイモ堪能したいのであります。

الأيمان البترولية

أحدى شركات الدهب
SUPERPOWER
GENDEX POWER
2008
JUMPO

エジプトは太陽も月も砂の影響か白く、
自然の色合いがとても淡いのが印象的だった。
今回の旅の最奥目的地、
アブシンベル神殿だけ逃し、
カイロへ向かう、
紅海沿いの砂漠を１５０㎞／ｈくらいで半日ぶっ飛ばしながら
（行きの半分くらいの時間で可）
「北斗の拳」の舞台のような景色に脳みそを遊ばせた。

湧き出すアイデア、
それも愛である。

「正解」なんてナイのは10代の頃から知っている、
だから、出来る限り、
生きたいように生きようと思ってここまで来た。
二度と戻らないONE LIFEだからな。

幸せの基準を自分の中にしっかりと持って、
自分にとってのその価値を見極め、
家族と仲間、仕事を大切にして生きてゆく。

中学の頃、少ない小遣いながらも、
本屋でジャケ買いというかタイトル買いした
「神々の指紋」上／下　エハン・デラヴィ著、
それで一発で「宇宙考古学」（宇宙的視点で地上の考古学を考える）にヤラれ、
そこからそういう本を読み漁った時期がある、
まだネットなんてそんなに普及してなかったから
限られたものだったけれど、
地球の成り立ちやら、宇宙の神秘、
人間をはじめとする生命体の仕組み、
自然の理、文明社会

つまりは「じぶんのことや、せかいのこと」に、
わりと小さい頃から興味を持っていたこともあって、
それらがぜんぶごちゃ混ぜになって
自分の中で一つのスタイルになる
「きっかけ」にその本はなったんだと思う。
とにかく、この頃まだ知る由もなし。

小学校で、「そして石器時代が終わって、
エジプト文明が始まりました」と習った。
これは、車に言い換えると、
「初めて作った車にエアバックもABSも付いてました」
と言ってるのと同じだそうだ、つまりはありえない。
文明としてよちよち歩きしてた子が
急に駆け回るということ。

じゃあナゼ？

その前にあったんだな、大きな文明が。

それはアトランティスとか、ムー、レムリアと
呼ばれていたと言われる「超古代文明」。
これが崩壊するんで、逃げ仰せた者達が世界中に散った、
だから世界中に同じような神話、技術、言葉、仕組み、
つまり文化が伝わった、
その歴史を訳あって封印したいバビロンは、
しらじらしくも、
「当時それぞれ交流があった筈は無いのになぜ？」
とか言っている。

MISR
بنزين ٩٠
بنزين ٨٠
سولار
إصلاح إطارات
اوتو ماركت

مصر للبترول
MISR PETROLEUM
مصر للبترول
MISR PETROLEUM

その前からとっくに繋がっとるよ。
ちなみに、
エジプト、
メソポタミア、
チグリス／ユーフラテス、
黄河で
「四大文明」と習ったけど、
この時代だけでも
もっとたくさんあった
ということが
現在わかっているそうだ。

本当のコトなんて誰もわからない、
俺たちが誰で、
どこから来て、
どこへ行くのか。

♪この広い不思議な世界
その匂い　何を思い
遠い遠い　旅路に老い
何語らい　想い移ろい

（『TIMEWAVE』ブンシャカラカ）
Lyric BY 卍LINE

Coca-Cola
Coca-Cola

Coca-Cola
Coca-Cola
Coca-Cola

エジプトから帰国した翌日は、
雨の中で子供の小学校の入学式だった。

комфорт
роль
стиль
128 миллионов клиентов HSBC в 86 странах по-разному смотрят на вещи. 145-летний опыт позволяет HSBC разделять взгляды своих клиентов
ТЕПЕРЬ В РОССИИ
www.hsbc.ru
(495) 645 45 45
(812) 313 45 45
HSBC

時間は今、この瞬間も流れていく。

一号店

(am11:00〜LAST)

OPEN HOURS / TEL 048-764-8087

〒338-0004 埼玉県さいたま市中央区本町西 4-18-11

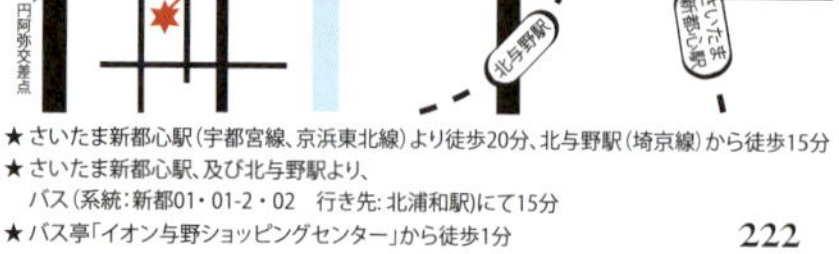

★ さいたま新都心駅（宇都宮線、京浜東北線）より徒歩20分、北与野駅（埼京線）から徒歩15分
★ さいたま新都心駅、及び北与野駅より、
バス（系統：新都01・01-2・02　行き先：北浦和駅）にて15分
★ バス亭「イオン与野ショッピングセンター」から徒歩1分

放浪

2011年6月21日　初版発行
2017年2月27日　第3刷発行

著者　窪塚洋介／池田伸(文・写真)

装丁・デザイン　山路紳多郎（アウンラボ）
編集　Big Tree Production

発行者　北里洋平

発行／株式会社 NORTH VILLAGE
〒 150-0042
東京都渋谷区宇田川町 34-6 M&I ビル 1F
TEL 03-6809-0949

http://www.northvillage.asia

発売／サンクチュアリ出版
〒 151-0051
東京都渋谷区千駄ヶ谷 2-38-1
TEL 03-5775-5192 ／ FAX 03-5775-5193

印刷・製本　創栄図書印刷株式会社

ISBN 978-4-86113-316-9

PRINTED IN JAPAN
定価および ISBN コードはカバーに記載してあります。